AF276477

OSÉ PASTORAL R RENOVADA
NTONIO
AGOLA

ORIGINALIDAD DEL MATRIMONIO CRISTIANO

PPC

© 2024, José Antonio Pagola
© 2024, PPC, Editorial y Distribuidora, SA
   Impresores, 2
   Parque Empresarial Prado del Espino
   28660 Boadilla del Monte (Madrid)
   ppcedit@ppc-editorial.com
   www.ppc-editorial.com

ISBN 978-84-288-4147-4
Depósito legal: M-7169-2024
Impreso en la UE / *Printed in EU*

Introducción[1]

En muy poco tiempo se ha producido entre nosotros un profundo cambio en la concepción que las personas tienen sobre el amor, la sexualidad, el matrimonio, la fidelidad conyugal o la familia.

Al mismo tiempo, se ha introducido y revalorizado el matrimonio civil como alternativa al matrimonio eclesiástico. Jóvenes que no aceptan la visión cristiana del matrimonio y sus consecuencias se casan por lo civil. Así mismo, otras parejas se siguen casando por la Iglesia, pero no por convicción profunda de fe, sino por razones ambiguas de orden sociológico o familiar.

De ahí la importancia que adquiere en el momento actual responder con cierta lucidez esta pregunta: ¿Dónde está la originalidad del matrimonio cristiano? ¿Qué es "casarse por la Iglesia"?

---

[1] Este pequeño estudio recoge dos ponencias dirigidas a parejas que colaboran en la pastoral prematrimonial.

Es bueno que las jóvenes parejas adopten su propia postura al orientar su futuro matrimonial, pero para ello es necesario conocer en qué consiste la originalidad del matrimonio cristiano.

1

Hacia una visión
más correcta
del matrimonio cristiano

Antes que nada, me parece que será clarificador señalar, aunque sea de manera breve, los cambios más importantes que se han dado también estos años en la visión teológica del matrimonio cristiano. Podemos decir que la Constitución *Gaudium et spes* marca una visión nueva del matrimonio.

1. De una concepción jurídica a una visión más existencial del matrimonio

Durante mucho tiempo se ha promovido una visión predominantemente jurídica del matrimonio: el matrimonio como institución, las condiciones para su validez, la naturaleza del matrimonio legal, las dispensas, etc. De esa manera, el amor real y vivo entre los cónyuges quedaba como en un segundo plano. De algún modo, el matrimonio aparecía sencillamente como una institución jurídica dentro de la cual se puede ejercer, sin pecar (sin culpabilidad moral), la actividad sexual entre el hombre y la mujer.

Pero si prescindimos de –o no valoramos debidamente– la realidad humana del amor mutuo de la pareja estamos omitiendo precisamente lo que es la base y el punto de partida del matrimonio cristiano. Si olvidamos el diálogo amoroso de la pareja y entendemos el matrimonio eclesiástico exclusivamente como una institución jurídica, estamos destruyendo la realidad más profunda del matrimonio cristiano, ya que el matrimonio solo puede ser sacramento si el amor de Dios es expresado, encarnado y sacramentalizado en el amor mutuo de los cónyuges.

2. Del matrimonio como contrato al matrimonio como vocación

Desde una visión jurídica, el matrimonio se ve como un contrato realizado libremente por el consentimiento de los dos contrayentes. Un contrato del que se originan unos derechos y unas obligaciones. Así se habla de los deberes matrimoniales, el derecho al cuerpo del otro ("débito sexual"), etc.

La teología actual y el Vaticano II abordan el matrimonio no como un contrato sino como una vocación.

> Los esposos cristianos "cumpliendo su misión conyugal y familiar, animados por el espíritu de Cristo, llegan cada vez más a su pleno desarrollo personal y a su mutua santificación, y, por tanto, conjuntamente, a la glorificación de Dios" *(Gaudium et spes* 48).

El matrimonio no debe quedar reducido a un contrato. El mutuo compromiso de los nuevos esposos es, más bien, el punto de partida de un proyecto común, de una vida compartida conyugalmente en la que están llamados a alcanzar su pleno desarrollo personal: humano y cristiano.

3. De los fines del matrimonio a las exigencias del amor matrimonial

La teología tradicional hablaba de los fines del matrimonio. Se presentaba, en primer lugar, el *fin primario* y específico consistente en la procreación de los hijos. Después se hablaba *del fin secundario* consistente en la mutua ayuda, la complementación sexual, la comprensión recíproca.

Si el matrimonio se considera desde esta perspectiva, el amor queda totalmente subordinado a la procreación y el matrimonio queda reducido a una institución legal necesaria socialmente para garantizar la supervivencia de la humanidad y para regular socialmente la actividad sexual. Se entiende la famosa expresión de K. Marx: "El matrimonio burgués es una prostitución legal".

El Vaticano II no ha querido ni siquiera mencionar esta doctrina tradicional de los fines del matrimonio. Al contrario, el matrimonio se considera antes que nada como una comunidad de amor conyugal que se expresa, se realiza y crece en el encuentro sexual. Este amor conyugal tiene valor en sí mismo. Solamente después se dice que esta comunidad de amor conyugal está llamada a ser fuente de vida. El encuentro conyugal está abierto a la fecundidad.

4. De los derechos y deberes matrimoniales a una visión del matrimonio como comunidad de amor

Desde una perspectiva jurídica fácilmente se reduce la vivencia matrimonial de los esposos a un conjunto de derechos y obligaciones. Como consecuencia del contrato matrimonial, los esposos adquieren unos *derechos* (uso del cuerpo del otro cónyuge como si fuera el propio, en orden a la procreación; derecho a la fidelidad total del otro...); y contraen unas *obligaciones* (procreación de los hijos, educación debida, fidelidad conyugal, mutua ayuda).

El Vaticano II entiende el matrimonio como una comunidad de amor. Es el amor conyugal el que vivifica y da sentido a toda la vida matrimonial. Una moral conyugal basada fundamentalmente en la distinción de fines primarios y secundarios, o en el cumplimiento de unos deberes y la exigencia de unos derechos nacidos de un contrato, fácilmente puede terminar en puro legalismo vacío de amor. El amor conyugal es la verdadera fuente de responsabilidad matrimonial y familiar y de fidelidad mutua.

Resumiendo, a la hora de presentar a las parejas una visión correcta del matrimonio es necesario estar atentos para utilizar el lenguaje más adecuado y ofrecer el contenido apropiado. No es lo mismo hablar de la institución matrimonial que del amor conyugal; del matrimonio como contrato o del matrimonio como vocación; de los fines del matrimonio o de las exigencias del amor matrimonial; de los derechos y deberes matrimoniales o del matrimonio como comunidad de amor.

2
La realidad humana del matrimonio

Antes de hablar de la originalidad del matrimonio cristiano, hemos de valorar debidamente toda la riqueza y la hondura del matrimonio como realidad humana, independientemente de que sea vivido en el marco de una religión determinada o en el contexto de la sociedad civil. Quien no sepa valorar debidamente la riqueza natural del matrimonio en sus diferentes dimensiones no sabrá luego valorar ni vivir el matrimonio desde la originalidad cristiana.

De manera muy sintética señalamos las principales dimensiones del matrimonio:

1. Convivencia sexual

El matrimonio es convivencia sexual. Varón y mujer, sexualmente diferentes y complementarios, pueden vivir juntos plenamente el misterio gozoso de la sexualidad humana. La convivencia sexual abarca diversos aspectos. Señalo los niveles más importantes:

- El varón y la mujer se pueden *expresar* a través de su corporalidad, a través de sus gestos y de todo el lenguaje de su sexualidad. De esta manera, el hombre y la mujer salen de su interioridad y se desvelan, se revelan, se manifiestan. Naturalmente, esta expresión a través de la sexualidad (besos, abrazos, caricias, acogida, abrazo conyugal...) es plenamente humana cuando es sincera y cuando encuentra en el otro una respuesta y una confianza real.

- Pero el varón y la mujer no solo se expresan, sino que *se comunican* y *se encuentran* sexualmente en el matrimonio. El hombre y la mujer están llamados al encuentro y la comunicación sexual. No se trata de un encuentro puramente biológico, fisiológico. El encuentro sexual es humano cuando a través de los cuerpos se abrazan las personas, es decir, se hacen presentes y se comunican como personas. Esto, naturalmente, pide que el encuentro sexual no sea ambiguo, no sea una máscara que oculte a las personas, sino que sea la comunicación de lo mejor que hay en cada una de ellas.

- Además, el varón y la mujer *se complementan* y enriquecen mutuamente en el encuentro sexual. El ser humano es bisexual, diferenciado, masculino y femenino. El varón y la mujer se sienten mutuamente atraídos y llamados a la complementación. Disfrutan y se enriquecen cuando saben acogerse mutuamente. Se ayudan recíprocamente a crecer, fundiendo sus vidas, compartiendo la existencia desde el encuentro sexual.

2. Comunidad de amor

Esa convivencia sexual en toda su riqueza es plenamente humana cuando expresa y encarna un amor real entre el varón y la mujer. Cuando el matrimonio es amor responsable al otro, cuidado amoroso, búsqueda del bien del otro, entrega desinteresada y generosa al otro.

Ahora bien, el amor conyugal por su propia dinámica pide *fidelidad*. El amor va más lejos que aquel instante en que está siendo vivido. El amor mira también al futuro. No se le puede poner término sin destruirlo. No se puede amar de verdad a una persona poniendo un límite temporal, una fecha. Por eso, el amor conyugal exige la promesa de vivirlo para siempre, la promesa de ser fiel a la persona amada.

Es muy importante reconocer el valor humano de la fidelidad, al margen de las creencias o de la fe de la pareja. El clima sociocultural de nuestros tiempos favorece la inconstancia, la infidelidad, la superficialidad de los contactos sexuales y la trivialización de las relaciones interpersonales, pero todos hemos de reconocer que la fidelidad a la persona amada es un valor exigido por la misma naturaleza del amor verdadero.

3. Realidad social

El amor conyugal y la convivencia sexual piden ser aceptados y reconocidos socialmente. No podemos olvidar que el varón y la mujer que comparten una vida conyugal no son individuos aislados sino miembros de una sociedad concreta. Una concepción romántica del amor como algo que ha de ser vivido exclusivamente en la

intimidad o en el ámbito privado no es plenamente humana, porque olvida la dimensión
social de la pareja.

Un amor secreto, oculto a la sociedad, o no
reconocido socialmente, difícilmente conducirá
a las personas que lo viven a su realización y
expansión plenas. Por eso, una convivencia
sexual estable está pidiendo un reconocimiento
por parte de la sociedad, una integración en el
marco social.

Es muy importante valorar esta dimensión
social del matrimonio independientemente de
que sea un matrimonio civil o religioso. Si el vín-
culo amoroso queda reducido al ámbito de la
conducta privada, todavía le falta algo para ser
vivido de manera plenamente humana y social.

4. Comunidad abierta a la fecundidad

El encuentro sexual de una pareja estable está
llamado a ser fuente de una nueva vida humana.
El encuentro sexual es un encuentro amoroso,
pero, por su misma estructura, es un encuentro
íntimamente orientado a dar nacimiento a una
vida nueva.

El acto conyugal expresa y realiza la donación más íntima y absoluta que pueda darse entre un hombre y una mujer, pero, por su misma dinámica, está abierto a un tercero posible: el hijo. En el acto conyugal, el varón no solamente se entrega a sí mismo a la mujer que ama, sino que también le entrega su capacidad de engendrar, su capacidad de ser padre: "Quiero que seas mi mujer y tener un hijo de ti". La mujer no solamente se entrega de manera total e incondicional al varón, sino que también entrega su capacidad de engendrar, ofrece su seno fecundo: "Quiero ser tuya y tener un hijo de ti".

Es importante valorar la dimensión de la fecundidad, independientemente de las creencias y la moral de cada uno. El ser humano está llamado a ser fecundo. Los esposos están llamados a ser "una sola carne", pero no han de olvidar que normalmente esta carne puede convertirse en "cuna" de un hijo que viene a sellar y a encarnar de manera natural el amor matrimonial de los padres.

Resumiendo, al acoger a las parejas que se preparan al matrimonio es importante que, antes de hablar del matrimonio cristiano, sepáis valorar en toda su hondura y riqueza el matrimonio como realidad humana en sus diversas dimensiones: como convivencia sexual, comunidad de amor, realidad social y comunidad abierta a la fecundidad.

3

El matrimonio como sacramento

Cristo no ha instituido nada nuevo respecto al matrimonio. Lo que ha hecho es restaurar el matrimonio en su primera originalidad y llamar a los hombres y mujeres a que vivan el amor matrimonial respondiendo al primer designio del Creador, que el varón y la mujer sean "una sola carne" como quiso Dios desde siempre.

Pero, precisamente para vivir ese amor matrimonial natural en toda su autenticidad, Jesús llama a vivir el matrimonio como *sacramento* del amor de Dios que se nos ha revelado en Jesucristo. El sacramento no es algo añadido al matrimonio. Es sencillamente el matrimonio vivido desde la fe cristiana como "signo", como "sacramento" del amor de Dios que se nos ha manifestado en Cristo.

Por lo tanto, cuando una pareja "se casa por la Iglesia", se compromete a vivir su matrimonio desde la fe cristiana y a vivirlo en concreto como *sacramento* del amor de Dios.

Pero ¿qué quiere decir vivir el matrimonio como sacramento? Para entender bien esto tenemos que comprender qué es un sacramento. Si lo logramos, descubriremos un horizonte insospechado y una riqueza inmensa para vivir el matrimonio.

1. El hombre es sacramental

Sacramento es una palabra que viene del latín "sacramentum" y significa "signo", "señal". Sacramento es, pues, algo que nos descubre, nos revela, nos manifiesta otra realidad que, de lo contrario, se nos quedaría oculta. Por ejemplo, el anillo de bodas que vemos en la mano de una persona es una señal, un signo, un "sacramento" de que esa persona está comprometida, casada con alguien.

Por eso, podemos decir que el hombre es sacramental, tiene una estructura sacramental. En el ser humano hay todo un mundo interno, invisible, misterioso que se descubre, se desvela, se manifiesta a través del cuerpo.

El hombre es miedo, amor, ternura, gozo, tristeza, proyectos, interrogantes, cansancio, debilidad, entusiasmo, pasión, solidaridad, lucha, esperanza… Es todo un mundo de vida, de interioridad que se revela y se encarna hacia fuera a través de la corporalidad.

Nuestro *cuerpo* es el gran *sacramento*, el medio de expresión que nos permite manifestarnos y comunicarnos con los demás. Las miradas, los gestos, las palabras, la sonrisa, el beso, los abrazos, los golpes, las manos, el rostro... el cuerpo entero nos permite "sacramentalizar", es decir, expresar y vivir todo lo que hay en nuestro interior.

Gracias al cuerpo nos expresamos, nos realizamos, nos comunicamos, nos encontramos con los demás. Podemos decir que el hombre es sacramental, es algo interior, invisible, espiritual, que se expresa y se realiza en y a través de un cuerpo visible, sensible, palpable. El ser humano vive, crece, se realiza de manera sacramental.

2. La necesidad de sacramentalizar la vida

Precisamente, debido a su estructura sacramental, el ser humano siente la necesidad de "sacramentalizar" la vida. Y cuanto más profundamente se vive a sí mismo y vive su relación con las personas y con las cosas, más hondamente siente esta necesidad de "sacramentalizar" su vida.

Los antropólogos han descubierto que el hombre se hace presente en el mundo a tres niveles:

- En un primer nivel, *el ser humano se asoma al mundo como un extraño*. Apenas conoce ni entiende nada. El hombre primitivo (o el niño actual) se admira ante las cosas y los fenómenos. Contempla todo con curiosidad, se asombra, teme, adora, venera. Es la primera actitud, la más primitiva y elemental, básica.

- En un segundo nivel, *el hombre va dominando las cosas y los fenómenos*. Los analiza, los controla, los trabaja, los domestica, los transforma, los organiza. Es el "homo faber" que desarrolla la ciencia, la técnica, el dominio del cosmos.

- Hay un tercer nivel, cuando *el hombre se acerca a las cosas y a los hechos para darles un valor simbólico.* Las cosas ya no son entonces meros objetos para ser contemplados o para ser trabajados y dominados. Se convierten en signos, señales, llamadas. Entonces las cosas y los hechos son portadores de un mensaje, de una vivencia, adquieren un valor sacramental. Vamos a verlo de manera más concreta.

El hombre sacramentaliza de manera particular algunas *cosas:* todos los árboles pueden ser recuerdos de experiencias vividas bajo su sombra, pero aquel árbol del caserío tiene algo especial; todas las cocinas pueden ser evocadoras, pero la cocina de la casa donde uno nació guarda algo único.

El hombre sacramentaliza de manera particular algunos *hechos:* se toman muchas copas, pero es distinta la copa para celebrar un encuentro; se come todos los días, pero es diferente un banquete de bodas, una cena íntima...

El hombre sacramentaliza algunos *momentos* o *fechas* particulares: todos los días parecen iguales, pero es diferente el día del aniversario de bodas, el cumpleaños, la fiesta del pueblo, el día de una despedida, de un encuentro.

El hombre sacramentaliza también algunas *personas* de manera muy especial: todas las personas pueden despertar nuestro amor o amistad, pero hay personas únicas: la novia, el abuelo, la madre, el amigo.

En conclusión, el hombre no solo es sacramental, sino que va cargando de valor simbólico o sacramental el mundo en que vive. Va sacramentalizando su existencia y todas esas cosas, hechos, momentos y personas se convierten en pequeños o grandes "sacramentos" que evocan, alimentan y acrecientan su existencia.

3. Jesucristo, sacramento de Dios

Para un creyente, el mundo entero se puede convertir en "sacramento" de Dios. Dios es misterio invisible e insondable, pero está en la raíz misma del mundo y de la vida. Y, por ello mismo, se puede anunciar, sugerir y manifestar a través de hechos, experiencias, fenómenos que nos pueden hablar de Él. La creación entera se puede convertir en "señal" de Dios.

De manera particular, las personas con su fuerza creadora, su inteligencia, su capacidad de amar, su libertad, su misterio son el mejor signo, la mejor señal que nos puede hablar de Dios.

Pero el cosmos está atravesado por el mal y los seres humanos están tocados por la malicia y el pecado. Para el cristiano, hay un hombre único, verdadero *sacramento de Dios*, en el que Dios se nos ha manifestado y revelado como en ningún otro: *Jesucristo*.

Por la encarnación, el misterio insondable de Dios se nos ha manifestado de manera visible en Jesús. Dios es amor insondable, perdón, acogida, respeto, cariño, preocupación por los seres humanos. Pues bien, ese Dios invisible se nos manifiesta, se "sacramentaliza" en Jesús.

En él "reside toda la plenitud de la divinidad corporalmente" (Col 2,9).

En el "se ha hecho visible la bondad de Dios y su amor a los hombres" (Tit 3, 4).

El cuerpo de Jesús, sus gestos, sus palabras, sus abrazos a los niños, su bendición, su perdón, sus curaciones, su acogida, sus manos, su cercanía a los necesitados, su entrega hasta la muerte, todo él es sacramento de Dios. En Jesucristo se expresa y se hace presente de manera eficaz el amor de Dios a los hombres. Jesucristo es el gran sacramento de Dios, el "primer" sacramento de Dios.

Estando Jesús presente no hace falta ningún sacramento. El que se encuentra con ese hombre se encuentra con Dios. El que se pone en contacto con Jesús se pone en contacto con Dios. El que escucha de sus labios el perdón, es perdonado por Dios. El que es curado por Jesús queda sanado por Dios. Los hombres pueden encontrarse con el Dios invisible a través de la humanidad de Jesús que es su gran sacramento.

4. La Iglesia, sacramento de Jesucristo

Por la resurrección, Jesucristo desaparece del horizonte visible de nuestra vida y queda sustraído del plano visible, sensible en el que nosotros nos movemos. Ya no nos podemos encontrar directamente con el cuerpo de Jesús.

Quedamos, de alguna manera, privados de ese gran sacramento de Dios que es Jesús.

Pero, incluso después de la muerte y resurrección de Jesús, no se pierde la dimensión sacramental en el encuentro con Dios. Respetando la estructura sacramental del hombre, profundamente ligado al cuerpo y al mundo de lo sensible, Dios continúa ahora ofreciéndose de manera sacramental a través de la Iglesia.

La Iglesia es ahora el "Cuerpo de Cristo", la comunidad que le da cuerpo a Jesucristo, la comunidad donde se ofrece Jesucristo a través de gestos visibles, sensibles, captables. En esta comunidad llena de mediocridad, debilidad y pecado se realiza, sin embargo, algo decisivo: la presencia sacramental de Jesucristo.

Podemos decir que la Iglesia entera, en su totalidad, es sacramento de Jesucristo. En la Iglesia, Cristo se hace presente de manera sacramental en medio de los hombres. Todo en la Iglesia tiene una dimensión sacramental: las personas que formamos esta comunidad, los evangelios que se proclaman entre nosotros, los gestos cristianos que realizamos, el amor a los necesitados, la oración de los creyentes, los ritos sagrados, los símbolos. Todo lo que hacemos y vivimos desde la fe puede sacramentalizar y hacer presente a Jesucristo, nuestro Salvador.

5. Los siete sacramentos

Todo en la Iglesia es sacramental, pero hay acciones y gestos donde ese carácter sacramental adquiere una densidad particular. De la misma manera que todo puede ser signo de amor entre los esposos, pero el abrazo conyugal sacramentaliza de manera más eficaz e intensa su amor.

Hasta el siglo XII se empleaba la palabra "sacramento" para designar a muchos gestos y acciones eclesiales. San Agustín cuenta hasta 304 "sacramentos". A partir del siglo XII se hace un esfuerzo de selección para delimitar los gestos sacramentales más nucleares. Por fin, el Concilio de Trento define los siete sacramentos no de manera arbitraria sino articulándolos en torno a los ejes fundamentales de la vida o los momentos claves de la vida cristiana.

Los sacramentos son, por lo tanto, la concreción y actualización de lo que es la Iglesia: sacramento de Cristo, el cual es, a su vez, sacramento de Dios. Cuando celebramos o vivimos un sacramento, realizamos un gesto humano al que le damos sentido desde la fe; realizamos ese gesto no de manera privada a nuestro arbitrio, sino de manera eclesial, dentro de la Iglesia sacramento de Jesucristo; y así nos encontramos con Cristo que es el gran sacramento que nos lleva al encuentro con Dios.

- Por lo tanto, lo primero es realizar *un gesto humano* que encierra una fuerza expresiva importante: una comida (eucaristía), un gesto de perdón (penitencia), una entrega mutua de dos personas (matrimonio).

- En segundo lugar, ese gesto humano tiene sentido cuando es *vivido desde la fe.* Los sacramentos suponen fe. Sin la fe, el sacramento no dice nada, no habla nada. Los sacramentos realizados sin fe se convierten en ceremonias vacías, ritos sociales, gestos ridículos.

- En tercer lugar, ese gesto vivido desde la fe no es algo individual o privado, ni siquiera de un grupo particular. Cada sacramento es una toma de contacto, una inserción en la Iglesia, *un gesto eclesial,* pues solo la gran comunidad eclesial es el sacramento de Jesucristo.

■ En cuarto lugar, esos sacramentos no son ritos muertos sino gestos de *encuentro personal con Cristo* que es el gran sacramento que nos lleva a Dios. Cada sacramento según su modalidad nos pone en contacto con Jesucristo y por medio de él con Dios. Es Cristo el que perdona, Cristo el que alimenta, Cristo el que une en el amor.

6. El sacramento del matrimonio

Después de este recorrido ciertamente un poco largo, estamos preparados para comprender mejor qué es vivir el matrimonio como sacramento y cuáles son la riqueza y las posibilidades que ofrece el matrimonio cristiano.

Proyecto de vida matrimonial

Lo primero que hacen los novios cristianos, como cualquier otra pareja, es comprometerse a una vida matrimonial. Este proyecto de vida es la base humana del sacramento, el gesto que va a ser sacramentalizado desde la fe.

Par tanto, los novios se comprometen a compartir sexualmente su vida como expresión de un amor mutuo que exige fidelidad, como una realidad que desean ver reconocida socialmente y como una comunidad de amor abierta a la fecundidad.

La base humana del sacramento del matrimonio no son unos elementos materiales (como el pan y el vino de la eucaristía), no es un gesto exterior (como el lavado con agua del bautismo), sino la misma vida de los nuevos esposos, su entrega mutua, su encuentro amoroso. Es esta vida matrimonial la que va a convertirse en signo, en sacramento cristiano.

El matrimonio, sacramento del amor de Dios

Lo nuevo y original de los novios cristianos es que, animados por su fe cristiana, se comprometen a vivir su matrimonio como signo, expresión, manifestación o "sacramento" del amor de Dios que se nos ha revelado en Cristo.

Al casarse en Cristo, los novios cristianos dicen públicamente a toda la comunidad cristiana lo siguiente:

"Nosotros queremos vivir nuestro amor matrimonial como un signo, una manifestación, una encarnación, un sacramento del amor de Dios. Todos los que veáis cómo nos queremos podréis intuir de alguna manera cómo nos ama Dios a todos. Queremos que nuestro amor y nuestra vida matrimonial os recuerden a todos cómo os quiere Dios".

Precisamente por esto, los novios son los *ministros* del sacramento del matrimonio. No los casa el sacerdote, sino que se confieren el sacramento el uno al otro y lo reciben el uno del otro. El novio casa a la novia y esta casa al novio. Cada uno de ellos se ofrece al otro como gracia, representa para el otro el amor de Dios hecho visible y sensible en el amor humano matrimonial.

Al comprometerse a vivir su amor matrimonial como sacramento, se dicen el uno al otro lo siguiente:

"Te amo con tal hondura, con tal verdad, con tal entrega y fidelidad que quiero que veas siempre en mi amor matrimonial el signo más claro, la señal más visible, el «sacramento» mejor de cómo te quiere Dios. Cuando sientas cómo te quiero, cómo te perdono, cómo te cuido, podrás sentir de alguna manera cómo te quiere Dios".

Los esposos cristianos pueden descubrir el amor de Dios en muchas experiencias de la vida y en muchos lugares del mundo. Para ellos Cristo es, sobre todo, el sacramento de Dios y a ese Cristo lo pueden descubrir en la Iglesia de muchas maneras, por ejemplo, en la eucaristía o en el sacramento de la reconciliación; pero, para ellos, su propia vida matrimonial, su encuentro, su amor matrimonial es el lugar privilegiado para ahondar, disfrutar y saborear el amor de Dios, encarnado en Cristo y comunicado a través de su Iglesia.

El matrimonio como estado sacramental

El matrimonio no es solo un sacramento, sino un estado sacramental. La boda es el punto de partida de una vida matrimonial que queda sacramentalizada. Por eso, toda la vida matrimonial, con todas sus vivencias y expresiones, tiene un carácter sacramental para ellos, es fuente de gracia, expresión eficaz del amor de Dios que se hace realmente presente en su amor matrimonial.

La mutua entrega, el perdón dado y recibido dentro del matrimonio, las expresiones de amor y ternura, la intimidad sexual compartida, la abnegación de cada día con sus gozos y sufrimientos, con su grandeza y su pequeñez, con sus momentos sublimes y su mediocridad... toda esa vida matrimonial es sacramento, lugar de gracia, experiencia sacramental donde Dios se hace realmente presente para los esposos.

Por eso, los esposos cristianos viven toda su experiencia humana y su vida cristiana de manera matrimonial, con una perspectiva diferente a los no casados.

- Los esposos cristianos pueden y deben encontrarse con el perdón de Dios en el sacramento de la reconciliación, pero pueden y deben encontrarse también con el perdón de Dios que se les ofrece en el perdón que mutuamente se regalan el uno al otro.

- Los esposos cristianos pueden y deben alimentar su vida y su amor cristiano en la eucaristía de la comunidad, alimentándose del cuerpo del Señor, pero pueden y deben alimentar su vida y su amor en el disfrute gozoso de su amor matrimonial.

- Necesitan acercarse a la comunidad eclesial a la que pertenecen. Su mismo matrimonio lo viven como sacramento dentro de esa comunidad eclesial, pero desarrollan toda su vida cristiana de manera matrimonial.

Este carácter sacramental da una hondura y plenitud diferente a su abrazo conyugal. Los esposos cristianos no "hacen el amor", sino que lo celebran. El acto del amor es una celebración, una fiesta, donde los esposos con su propio cuerpo, con su capacidad erótica, con la fusión de sus cuerpos y sus almas, con el disfrute compartido hacen presente en medio de ellos a Dios. Es sobre todo en esa experiencia íntima donde mejor pueden entender y saborear su amor matrimonial como sacramento del amor de Dios.

4

Algunas dimensiones de la vida matrimonial

Vamos a describir, aunque sea brevemente, algunos rasgos de la vida matrimonial.

1. El matrimonio como liberación de la soledad

"No es bueno que el hombre este solo. Voy a hacerle una ayuda semejante a él" (Gn 2,18).

El matrimonio ofrece a los esposos la posibilidad de liberarse de la soledad y de vivir en diálogo íntimo, personal. con otro. La soledad es un mal. El matrimonio ofrece a los esposos uno de los mejores caminos para no recorrer la vida en solitario.

Pero, además. el matrimonio cristiano ofrece a los esposos creyentes la posibilidad de abrir ese diálogo matrimonial al diálogo con Dios.

Desde el diálogo mutuo, desde la mutua escucha, desde el encuentro amoroso recíproco, los esposos cristianos pueden avanzar hacia el diálogo con Dios, la escucha de Dios, el encuentro con Él.

Naturalmente, todo esto exige a los esposos ir superando su egoísmo, irse abriendo cada vez con más hondura al otro cónyuge, compartir cada vez más los deseos, las aspiraciones, los temores, las alegrías, los gozos, las dificultades, los sufrimientos que entretejen la vida. Es así como va creciendo el matrimonio como sacramento que hace posible el encuentro con Dios.

2. El matrimonio como mutua complementación

"Esta sí que es hueso de mis huesos y carne de mi carne" (Gn 2,23).

El matrimonio ofrece a los esposos la posibilidad de complementarse, enriquecerse y perfeccionarse el uno al otro. El esposo se enriquece con la presencia femenina en su vida; la esposa con la presencia de lo masculino.

Pero, además, los esposos cristianos pueden buscar desde su matrimonio la complementación y el enriquecimiento que solo nos puede llegar de Dios. Los esposos cristianos saben, en sus momentos de debilidad, de pobreza, de limitación, buscar la gracia y la fortaleza de Dios. Saben, en sus momentos de gozo y de plenitud, abrirse a la alabanza y a la acción de gracias al Creador.

Naturalmente, esta mutua complementación exige todo un aprendizaje, un reajuste constante, una actitud de mutuo respeto, de agradecimiento mutuo. El matrimonio va creciendo día a día en ese arte difícil de la convivencia.

3. El matrimonio como disfrute de la intimidad sexual

"Serán los dos una sola carne" (Gn 2,24).

El matrimonio ofrece a los esposos la posibilidad de compartir y disfrutar la intimidad sexual, de descubrir todo el valor del cuerpo como medio de expresión y comunicación de amor. Los esposos viven su amor matrimonial expre-

sándolo corporalmente en su intimidad conyugal.

Pero, además, los esposos cristianos celebran
su unión sexual como una fiesta de amor, de
intimidad, de placer, no solo bendecida por Dios,
sino donde se hace presente el amor gozoso de
Dios para aquella pareja. El sacramento del
matrimonio, lejos de destruir el placer o la feli-
cidad matrimonial, ofrece a los esposos la posibilidad de abrir su amor sexual a su dimensión
última y trascendente, haciendo de su unión
amorosa signo y presencia del amor de Dios.

Todo esto exige naturalmente que la entrega
sexual sea signo de una entrega amorosa, sincera y real. Que la unión de los cuerpos exprese
la unión de los corazones.

4. El matrimonio como comunidad de amor creciente

El matrimonio supone ya un amor inicial entre
los nuevos esposos, pero exige que ese amor
vaya creciendo y consolidándose día a día. El
amor es algo llamado a crecer. Los problemas,
las dificultades y adversidades de la vida, vividos

conjuntamente por los esposos en actitud matrimonial, son ocasión para profundizar y crecer en un amor cada vez más sólido y realista. Lo que en un comienzo pudo ser, sobre todo, "enamoramiento", atracción física, goce erótico puede irse afianzando como amor fuerte y gozoso.

Pero, además, los esposos cristianos pueden crecer desde su matrimonio en el amor a Dios y en el amor a todos los hermanos. Cuando una persona se va llenando de amor, no crece solo su relación amorosa hacia alguien, sino que crece su capacidad de amar.

Naturalmente, esto exige cuidar día a día el amor. La infidelidad, el enfriamiento, la ruptura no es algo que sucede de pronto, de manera imprevista. Es siempre algo que se viene gestando poco a poco cuando la relación se va contaminando de egoísmo, pequeñez, resentimiento, interés, venganzas, rechazos.

5. El matrimonio como comunidad de mutua comprensión y perdón

El amor matrimonial muchas veces solo puede crecer con el perdón. El amor pide siempre respuesta, pero el cónyuge se puede encontrar con que la persona amada no le responde como esperaba. El amor puede sentirse traicionado, decepcionado, no correspondido porque no encuentra una respuesta en la persona amada. Entonces el verdadero amor se convierte en perdón. La vida matrimonial exige una actitud de perdón, de comprensión de la debilidad del otro, de paciencia, de disponibilidad para la reconciliación. Casarse con una persona es estar dispuesto a perdonarla siempre.

Los esposos cristianos tienen que recordar, además, que su matrimonio es sacramento del amor de Dios y Dios perdona siempre. Dios es siempre fiel, aunque nosotros seamos infieles. Esa es la razón más profunda de la indisolubilidad del matrimonio cristiano. Si el matrimonio es sacramento de Dios, está llamado a ser fiel, perenne, para siempre, puesto que así es el amor de Dios.

Todo esto exige que los esposos vayan reconquistando y fortaleciendo día a día su amor matrimonial en una actitud de perdón y comprensión mutua.

6. El matrimonio como descubrimiento del amor al hermano

La vida matrimonial debe ser para los esposos una escuela donde aprendan a amar a todos. Acogiéndose, ayudándose, perdonándose, los esposos aprenden a acoger, ayudar, perdonar. Su amor conyugal los capacita para vivir también el amor fuera del propio hogar. Compartiendo sus gozos y sufrimientos han de aprender a compartir más los gozos y sufrimientos de todos. Uno de los riesgos del matrimonio es reducirlo a un "egoísmo compartido". Sin embargo, si el amor matrimonial es verdadero amor, no los encerrará en sí mismos, sino que los abrirá a los demás.

Los esposos cristianos han de recordar además que se han comprometido a vivir su amor como signo y sacramento del amor de Dios, y el amor de Dios es universal, no olvida a nadie y se ofrece de manera especial a los más indefensos, pobres y olvidados. Si quieren hacer de su amor "sacramento" del amor de Dios, no pueden encerrarse egoístamente en su amor matrimonial.

Naturalmente, todo esto exige no encerrarse en los problemas del propio hogar, comprometerse en la vida social, hacerse presentes junto a los necesitados, colaborar en la comunidad cristiana, estar atentos a los más olvidados.

7. El matrimonio como fuente de vida

EI matrimonio ofrece a los esposos la posibilidad de crear un hogar, una familia. El nacimiento del hijo no tiene por qué ser una carga penosa, un estorbo, una amenaza para el amor matrimonial. Al contrario, debería ser la culminación, el sello de ese amor.

Los esposos cristianos tienen que recordar que su matrimonio es sacramento del amor de Dios, y Dios es creador de vida. Los esposos están llamados a colaborar con el Creador en la difusión de la vida. Y esta es una tarea que abarca diversos aspectos. Difundir la vida es hacer nacer nuevos seres humanos sobre la tierra, educarlos; abrir horizonte a las nuevas generaciones que nos sucederán; colaborar en la promoción de la humanidad; hacer un mundo más habitable; promover unos hogares más humanos donde habite el amor, el diálogo, la verdad, es decir, hacer crecer el Reino de Dios.

Índice